TELEVISÃO
UM VEÍCULO PARA TODOS

Adriana Fernandes

TV, ESSA NOSSA COMPANHEIRA

Nada melhor do que chegar da escola, atirar a mochila num canto, jogar os sapatos, um pé para cada lado da sala, largar o corpo no sofá e ligar a TV para relaxar. Assistir a nosso programa preferido ou mesmo dar uma *zapeada* pelos canais só para saber o que está passando, muitas vezes sem prestar atenção.

Quando assistimos aos programas de TV, aprendemos um monte de coisas novas, rimos, choramos e nos distraímos.

Com nossos avós e bisavós foi diferente: quando eles eram crianças nem existia televisão, só o rádio. Você já perguntou a seus pais se, quando tinham sua idade, existia na casa deles uma TV, um computador ou um telefone celular?

TUDO COMEÇOU COM A LUZ

Por volta do ano 1800, cientistas descobriram diferentes formas de gerar eletricidade. Isso possibilitou a criação de máquinas tanto para ajudar no trabalho das indústrias como para facilitar a comunicação entre as pessoas e criar novas formas de diversão. Foi entre 1835 e 1907 que surgiram a fotografia, o telégrafo, o telefone, o cinema e o rádio. Quanta novidade em menos de um século, hein?

A TV também pode atrapalhar, afinal temos mania de deixá-la ligada enquanto falamos ao telefone, brincamos ou fazemos a lição de casa, e isso não é bom, porque acabamos não prestando atenção em nada direito.

VER DE LONGE

O som do rádio chegava ao vivo às casas, mas, é claro, não tinha imagem. O cinema tinha imagem, mas você tinha de ir até uma sala especial para assistir a um filme. Faltava uma invenção que juntasse tudo isso: um rádio com imagens dentro de casa. Em 1900, o aparelho ainda não existia, mas a vontade era tanta de inventar algo assim, que o francês Constantin Perskyi já havia criado um nome: *televisão*, uma mistura de *tele* (longe, do grego) e *videre* (ver, do latim).

A CRIAÇÃO DA TELEVISÃO

Criar a televisão foi como montar um quebra-cabeça em que cada pessoa colocou um pedacinho. Imagine a confusão! Foram muitos anos, muita pesquisa e vários cientistas, cada um inventando uma parte da televisão. No começo parecia mágica. A ideia era usar um aparelho (a câmera) que reproduzisse a imagem e o som do objeto que estivesse à sua frente e depois enviasse esses sons e imagens para uma caixa: o aparelho de televisão. O princípio era bem parecido com o do rádio: na tecnologia, no formato e nos tipos de programa transmitidos. Muitos dos primeiros profissionais da televisão haviam trabalhado antes em emissoras de rádio.

A PRIMEIRA GRANDE TRANSMISSÃO DE TV

Nas Olimpíadas de 1936, na Alemanha, a televisão foi utilizada pela primeira vez para realizar uma transmissão ao vivo. Como nessa época nem todas as pessoas tinham o aparelho em casa, o governo alemão montou vinte e uma salas públicas com TVs para que a população local pudesse assistir aos Jogos Olímpicos.

A TV NO MUNDO E NO BRASIL

Os aparelhos eram muito caros e, depois da Segunda Guerra Mundial (1939-1945), somente algumas famílias podiam comprá-los. Quem tinha uma TV em casa recebia os vizinhos e os parentes para assistir aos programas. Eram os "televizinhos". Os primeiros países a transmitir programas de televisão para os lares foram Alemanha, Inglaterra, Estados Unidos, França e México.

No Brasil, a primeira emissora de televisão foi a TV Tupi, e o primeiro programa (que estreou em setembro de 1950) se chamou *TV na Taba*. Tudo bem brasileiro. Mas ainda não havia aparelhos de TV no país, e Assis Chateaubriand, o dono da TV Tupi, importou duzentos televisores e os espalhou pelos principais prédios públicos de São Paulo para que as pessoas pudessem ver a novidade.

LUZ E COR

Você já desenhou algo só com pontinhos coloridos? A imagem da televisão é feita do mesmo modo que esses desenhos: com pontinhos coloridos ordenados em linhas. Esses pontinhos são chamados de pixels.

Pense no seu apresentador de TV preferido. Ele está lá, no estúdio da televisão, vestido, maquiado e penteado, prontinho para começar o programa. A luz do estúdio é acesa, e a câmera é ligada. Aí, a imagem do apresentador entra pela lente da câmera de TV e é projetada numa tela sensível à luz. Essa imagem é dividida em várias linhas, e cada linha é formada por vários pontinhos, os pixels.

Os pixels podem reproduzir três cores diferentes: vermelho, verde e azul. É misturando as três cores e variando a intensidade de luz que todas as outras

A IMAGEM DA SUA TV: PONTINHOS E MAIS PONTINHOS

A imagem que vemos na televisão não é uma imagem inteira, única. Ela é formada pela união de vários pontinhos, como um mosaico. A cada segundo de imagem a tela da TV pisca trinta vezes. É como se a TV nos mostrasse 30 fotos em um segundo, ou 1.800 fotos por minuto. Nas TVs de tubo (aquelas mais antigas e grossas) cada uma dessas 30 fotos é feita pela montagem de 525 linhas cada uma com 720 pontinhos. São quase 700 milhões de piscadas coloridas por minuto. Nessas TVs de tubo quem chegar bem perto da tela conseguirá enxergar os pontinhos mudando de cor. Já nas televisões mais modernas bem fininhas chamadas de TV full HD (televisão de toltal alta definição) cada imagem é formada por 1920 linhas com 1080 pontinhos cada. São mais de 2 milhões de pontinhos para formar uma das 30 imagens que vemos por segundo. Por minuto são quase 4 bilhões de pontos mudando de cor!

É por isso que essas televisões modernas tem imagens mais bonitas: com mais pontos para formar a mesma imagem esta fica com a qualidade melgor. Parece até que temos um cinema em casa!

cores se formam na nossa tela: do branco (com os pontinhos na luz máxima) até o preto (com os pontinhos apagados). Como os pixels mudam muito rapidamente de cor e intensidade de luz, o olho humano tem a sensação de ver uma imagem inteira e não pequenos pontos. Mas, se você chegar bem perto da tela de sua televisão, verá como os pontinhos mudam de cor e de brilho! Que tal ir lá e conferir?

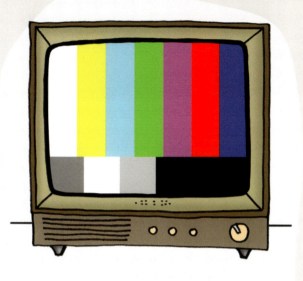

BARRA DE COR

Quando o canal está fora do ar, ou quando começa a tocar um DVD, aparecem umas barras coloridas na tela. Essas barras servem para você ajustar a cor da televisão, deixando a imagem projetada no seu aparelho bem parecida com a cor originalmente criada.

TV EM PRETO E BRANCO

Hoje, tudo na TV é colorido.
Só quando passa um programa antigo ou uma cena especial é que as imagens aparecem em preto e branco. Mas no começo da televisão os programas não eram coloridos. A televisão em cores surgiu em 1954, nos Estados Unidos. No Brasil, a primeira reportagem colorida foi sobre a Festa da Uva no Rio Grande do Sul, em 1972. Quais destas uvas você sente mais vontade de comer?

A cada segundo de imagem que vemos, a tela da TV pisca trinta vezes. É como se a TV nos mostrasse trinta fotos em um segundo. Cada foto é feita pela montagem de 525 linhas, e cada linha é formada por 720 pontinhos. Com isso, são mais de 600 milhões de piscadas coloridas por minuto!

GRAVANDO IMAGENS

No início, a televisão só existia ao vivo. Os atores iam para o estúdio fazer uma cena de novela e, ao mesmo tempo, nossas avós assistiam à novela em casa. Se alguém errasse o texto ou deixasse um copo cair, todo mundo via. Era o maior vexame! O equipamento para gravar um programa de televisão – o videoteipe – foi inventado em 1951, nos Estados Unidos. No Brasil, seu uso começou em 1960, quando propagandas e programas como *Chico Anysio Show*, antes apresentados ao vivo, passaram a ser gravados.

A invenção foi aperfeiçoada: gravadas em fitas, as imagens eram levadas para um equipamento chamado "ilha de edição". Lá os técnicos podiam ordenar as imagens na sequência correta, descartar imagens com erros e trocá-las por boas cenas, colocar música de fundo ou legenda.

Nos idos de 1980, começaram a surgir efeitos de computação gráfica, permitindo às pessoas que faziam televisão produzir programas mais criativos. Eles ficaram populares nas vinhetas de abertura de programas, mas em especial nos videoclipes, ainda mais que a MTV tinha acabado de ser criada nos Estados Unidos. No Brasil, a utilização da computação gráfica virou marca registrada nas aberturas do programa *Fantástico*.

PÕE PARA GRAVAR!

Também na década de 1980, surgiram os primeiros aparelhos de videocassete: eram aparelhos caseiros, que serviam para gravar o que quiséssemos da TV em nossas casas. Você podia ir passear, deixando o vídeo gravando o seu seriado ou desenho favorito! Ou, se você não pudesse ver um filme no cinema, poucos meses mais tarde poderia alugá-lo para ver no conforto do seu sofá. As fitas eram chamadas de VHS, que em inglês significa: sistema caseiro de vídeo. Na década de 1990, surgiram os aparelhos de DVD. Eles são como o videocassete, mas em vez de uma fita, usam discos óticos para guardar as imagens e os sons.

VIDEOQUÊ, O QUE É ISSO?

Na década de 1970 (no Brasil chegou em 1972) os japoneses inventaram uma aparelhagem eletrônica que gerava o som de fundo da banda tocando para que as pessoas pudessem cantar no lugar dos vocalistas (isso se chama playback).

Apesar de já existir no exterior, só em 1994 criaram no Brasil um aparelho de caraoquê com recurso de vídeo. Você pode acompanhar a letra por um monitor de TV, que vai mudando de cor sincronizada com a música. Este é famoso videoquê, tão popular no Brasil hoje.

COMO ENFIAR UM RETÂNGULO NUM QUADRADO?

Se o cinema tem uma imagem comprida (retangular) e as TVs de tubo são quase quadradas, como fazer para ajustar esses formatos de imagens tão diferentes? Se tentarmos colocar a imagem do cinema (que é mais larga) em um televisão de tubo, um pedaço vai ficar de fora, certo? E o contrário? Quando há uma imagem de um programa quadrado e queremos ver essa imagem numa tv nova retangular? Como faz?

Esta é uma imagem em formato de tela de cinema. A proporção do tamanho da tela é 16 vezes de comprimento por 9 vezes de altura (16 X 9).

Para a imagem 16 X 9 caber na tela da televisão, que tem a medida 4 X 3 – ou seja, 4 vezes de comprimento por 3 de altura –, uma opção é colocar uma faixa preta embaixo e outra em cima da imagem central. Mas, com isso, a imagem do filme fica menor.

Outra opção para fazer a imagem retangular do cinema caber na tela quadrada da TV é cortar as bordas laterais da imagem. Então parte dela fica de fora, o que, nesse caso, faz com que três pessoas desapareçam da cena!

Podemos ainda optar por esticar a cena para que ela ocupe toda a tela da televisão. Assim, ninguém desaparece, mas a imagem fica distorcida. Todo mundo parece esticado! Veja como os rostos ficam finos e compridos.

Os filmes de cinema transmitidos pelas emissoras de televisão ou aqueles a que assistimos em fitas de vídeo em geral têm suas imagens originais cortadas ou diminuídas para colocar as bordas pretas. Já nos filmes em DVD, na maioria das vezes, você pode escolher como quer assistir. Como você preferiria assistir ao seu filme?

AUDIÊNCIA, O TAL DO IBOPE

O telespectador pode decidir também qual programa fica no ar e qual sai. Como isso acontece? Se as pessoas gostam de um programa e todo mundo o assiste, esse programa terá uma grande audiência e continuará no ar.

Para saber os programas a que as pessoas assistem e o que acham deles, as emissoras de TV fazem pesquisas diárias. A pesquisa mais conhecida é a do Ibope. Ela funciona assim: algumas famílias são escolhidas e seus televisores são ligados num aparelhinho. Cada vez que a TV é ligada, esse aparelhinho marca o canal que está sendo assistido naquele momento. Computadores juntam esses dados e mostram, minuto a minuto, se as pessoas continuam assistindo ao programa ou se mudaram de canal. Quanto mais pessoas veem o mesmo programa, maior é a audiência. O programa é um sucesso!

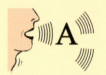 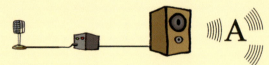

O SOM NA TV

Quando alguém fala, as cordas vocais vibram produzindo um som, uma onda sonora. O som entra pelo nosso ouvido e faz vibrar uma membrana (o tímpano). Essa membrana transmite o som ao nosso cérebro. Do mesmo modo, qualquer objeto que produza barulho, como uma campainha, um telefone ou uma pedra caindo, gera uma onda sonora. Essa onda se espalha pelo ar, chegando à nossa orelha.

Todo microfone, mesmo os microfones das câmeras de televisão, faz a mesma coisa que nossa orelha. Eles recebem as ondas sonoras (saídas das nossas cordas vocais ou dos objetos) e as transmitem para as caixas de som ou alto-falantes em nossa televisão. Esses alto-falantes vibram, produzindo o som que chega até nós.

Os televisores antigos tinham apenas uma caixa de som. O som gerado por essa caixa era chamado de "mono", ou seja, vinha de uma única fonte. As TVs atuais possuem pelo menos duas caixas (uma do lado direito e putra do esquerdo). Isso gera um som estéreo.

O SOM MONO DE ANTIGAMENTE

Imagine o som de uma bola de basquete pulando no chão, bem na sua frente. Seus ouvidos direito e esquerdo ouvem o som com a mesma intensidade. É essa a ideia do som mono: não importa de onde venha o som, ele é igual em todas as caixas que estejam ligadas. Seu televisor pode ter uma caixa de som em cada lado, mas, se elas forem mono, ou o programa transmitido for mono, você ouvirá o mesmo som dos dois lados.

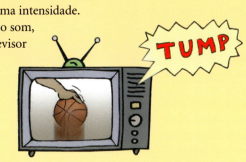

O SOM ESTÉREO

Imagine agora uma mesa de pingue-pongue. Finja que você está bem no meio da mesa, entre os dois jogadores. Eles começam a jogar, e cada vez que a bolinha bate numa raquete você escuta o som mais forte vindo do lado daquela raquete.

Numa gravação moderna, os vários sons são gravados e transmitidos separadamente. O som do *pingue*, por exemplo, vai para a caixa direita; e o som do *pongue*, para a caixa esquerda, assim você ouvirá sons diferentes em cada uma das caixas.

Feche os olhos e preste atenção às músicas e ao som das cenas dos filmes. Perceba o som que vem de cada uma das caixas, como eles são diferentes. Garanto que você vai se divertir muito!

SOM DE CINEMA EM CASA!

O *home theater* é um sistema composto de várias caixas de som estéreo instaladas em uma sala montada só para ver televisão.

Em vez de duas caixas de som, o *home theater* tem pelo menos cinco caixas: uma bem na sua frente, pertinho da TV; duas que ficam nas laterais da sala (uma à direita e outra à esquerda); mais duas caixas de som que ficam no fundo da sala, uma de cada lado.

Com esse sistema ligado ao seu televisor, parece que você está no cinema. Cada caixa toca um som diferente para dar mais emoção. Num filme de terror, por exemplo, você vai sentir como se o monstro estivesse falando ao seu ouvido. Dá mais medo! Mas é bem divertido.

O SOM É VITAL

Com ou sem as tecnologias mais modernas, o uso do som é muito importante num programa de televisão. Ele nos ajuda a saber quem é o mocinho, quem é o bandido e se alguma coisa diferente vai acontecer. Já pensou ver uma cena de ação sem música? Faça o teste: você verá como fica sem graça.

DUBLADO OU LEGENDADO?

Filmes, seriados e documentários feitos em outras línguas precisam ser traduzidos para o português, antes de passarem na TV. Essa tradução pode ser incluída no programa original de dois modos: dublado ou legendado.

Nos programas legendados, a tradução é colocada em letreiros, por cima do filme. O mais importante é que os textos sejam curtos, para dar tempo de lermos enquanto a cena se passa na tela da TV.

Já para fazer um programa dublado, atores brasileiros especializados (dubladores) gravam em português as falas traduzidas do filme, e esse som é colocado sobre as vozes originais.

— Preciso lhe contar uma coisa...

A tradução é bem complexa, porque não basta passar as palavras para o português. O som das palavras tem de durar mais ou menos o mesmo tempo das falas ditas na língua original. O dublador brasileiro precisa falar no mesmo tempo em que o ator estrangeiro mexe a boca. É isso que faz parecer de verdade: temos a sensação de que o ator do filme está falando em português. Quando isso não é bem-feito, a fala em português não bate com o movimento da boca do ator do filme ou da novela, o que fica muito estranho! Você já reparou nisso?

CYBERMOVIE

Vc sabia q na tv fechada as x passa 1 sessao d cinema mto :-) q legenda os filmes como c fosse 1 txt d internet? C/ emoticons, abreviacoes, tudo s/ acento i c/ vaaaaarios erros de pt? Todo mundo acha d+ ;-)))), mas eh eskisito, neh????

Essa sessão copia as manias da internet, em que, pela pressa, preguiça ou só para fazer graça, todo mundo acaba escrevendo de qualquer jeito. O ruim é que as pessoas acabam ficando com um português péssimo. Será que é mesmo bacana ter um programa de televisão assim?

NÃO É SÓ NO BRASIL, NÃO!

Não é só no Brasil que filmes e séries são dublados. As novelas brasileiras fazem sucesso no mundo inteiro, e a mais vendida para outros países é *A Escrava Isaura*, de 1976. Ela foi exportada para mais de cem países. Já imaginou como deve ser engraçado ver um ator brasileiro falando chinês?

E filme americano dublado em chinês, será que fica bom?

NO DVD, DÁ PARA ESCOLHER

O legal dos filmes em DVD é que na hora de assistir dá para escolher se você quer ver dublado ou legendado em português. Dá até para colocar legendas em outras línguas, o que fica bem engraçado. Experimente para ver!

CLOSED CAPTION

Sabe como as pessoas com deficiência auditiva assistem à TV? Lendo legendas. Os principais programas, em especial os noticiários e filmes, são legendados. Mas não é a legenda que estamos acostumados a ver em filmes e seriados: é uma legenda especial, chamada *closed caption*. Essa expressão, em inglês, significa "legenda fechada". Ou seja, a legenda está sempre lá, mas você só a vê quando a solicita. Para ver essa legenda, a pessoa tem de possuir um aparelho de televisão moderno, que venha com a opção *closed caption*. Diferentemente das legendas comuns dos filmes, o *closed caption* mostra não só a fala das pessoas, mas também explica os sons do filme! Aparece escrito o modo como a pessoa está falando, o tipo de música que está tocando ou a indicação de que um personagem, que não está aparecendo na tela, está falando. Não é bacana?

SAP

Essa é a sigla da expressão em inglês *second audio program*, que significa "segunda opção de áudio". Emissoras como a Globo, o SBT e a Record passam filmes dublados, mas oferecem também a opção SAP, que permite assistirmos ao filme com o áudio original. Se o seu aparelho de TV tiver a tecla SAP, você poderá ouvir o filme com o som na língua em que ele foi feito.

11

DA EMISSORA DE TV
ATÉ A NOSSA CASA

Basta você ligar um botão para o seu televisor mostrar os programas que estão no ar naquele momento. Mas como é que o sinal da TV (sua imagem e som) sai da emissora e chega à nossa casa? Existem várias rotas possíveis: pelas antenas convencionais, pelas antenas parabólicas ou por cabos.

Como é na sua casa? Há uma antena no telhado que parece um varal de roupas? Se sim, significa que o sinal da TV chega à sua casa por uma antena convencional. Outra forma de antena convencional é aquela miniantena que instalamos em cima da própria televisão.

Agora, se no seu telhado ou na sua janela existe uma antena que parece um prato fundo, você recebe o sinal da televisão por antena parabólica. Esse tipo de sinal viaja bem mais longe: ele sai da emissora até lá em cima, no espaço, e encontra um satélite que o envia de volta à Terra. Ao voltar, ele vai para uma antena local que reenvia o sinal para nossa casa, ou, em alguns casos, o sinal chega direto do espaço à antena parabólica da nossa casa. Que viagem!

A última rota possível para o sinal de TV é por longos cabos (subterrâneos ou em postes) que ligam o seu aparelho de televisão a uma empresa que distribui o sinal de TV. Nesse caso, não existe antena, mas um aparelhinho ligado à sua televisão e a um longo fio que vem lá da rua.

TV ABERTA

Os canais nacionais de televisão transmitem seus programas gratuitamente. Ou seja, basta você comprar um aparelho de televisão, colocar uma antena convencional no seu telhado e pronto: você assiste a tudo sem pagar nada. Isso é o que se chama televisão de sinal aberto. No Brasil, existem hoje cerca de vinte canais abertos. Entretanto, nem todas as cidades pegam essas emissoras, então acabam sobrando poucas opções de televisão gratuita para a população brasileira. Mesmo havendo dificuldades, de cada cem casas brasileiras, 95 têm pelo menos um aparelho de TV e só 93 têm geladeira. Isso é que é vontade de ver TV!

TV PAGA

Na TV paga, como o próprio nome diz, você tem de pagar uma mensalidade para poder assistir à programação. Existem empresas que fornecem até quase duzentos canais diferentes. O sinal da televisão paga pode chegar por dois caminhos: por cabo ou por antena parabólica paga.

E quem tem TV paga, mesmo já pagando mensalidade, se quiser ver um programa muito especial (por exemplo, um jogo de futebol que nenhum outro canal mostra), tem de pagar uma taxa extra: isso se chama *pay-per-view*, que quer dizer "pagar para assistir".

Como a TV paga pode oferecer muitos canais ao mesmo tempo, existem emissoras especializadas para todos os gostos: canais que só passam filmes, outros que só passam desenhos, outros só com notícias e vários deles só com programação especial para crianças e adolescentes! É diversão garantida para todos os públicos!

No começo do século XXI, o acesso à TV a cabo, assim como ao celular e aos computadores se democrtizou no Brasil. O censo do IBGE de 2010, lançado em 2012, mostra que na média uma em cada quatro famílias já tem acesso à TV a cabo no Brasil.

VOCÊ SABIA QUE PODE RECLAMAR?

Por lei, a TV aberta é de todos nós. Isso mesmo! Para uma empresa abrir uma televisão de sinal aberto, o governo do Brasil tem de "emprestar" o canal. A empresa que abre o canal de TV pode ganhar dinheiro com isso, mas, em troca, os canais de televisão abertos têm a obrigação de fazer programas que ensinem coisas, informem o que acontece no dia a dia e programas que divirtam as pessoas. Como esse direito é emprestado, se o canal fizer algo impróprio, o governo cancela o empréstimo. Por isso, quando há um programa de televisão de que a gente não gosta, podemos reclamar mandando cartas, e-mails ou ligando. No entanto, o recém-aprovado Projeto de Lei da Câmara 116 (PLC 116) tende a mudar essa norma ao abrir o mercado de TV a cabo para as empresas de telecomunicações nacionais e estrangeiras e ao unificar a regulamentação da TV por assinatura.

PUBLICIDADE NA TELEVISÃO

Para assistir aos canais abertos, basta ligar a TV numa antena e recebemos o sinal gratuitamente. Mas, se não pagamos para assistir a esses programas, quem é que paga o salário de atores, apresentadores, repórteres e da equipe técnica?

Nós pagamos! Mas não é com dinheiro, e, sim, com o nosso tempo.

Como assim? Ora, você está assistindo ao seu programa favorito, quando de repente entra a vinheta do programa dizendo "voltamos já", e começa uma série de comerciais.

Os donos das empresas de biscoito, sabão em pó, brinquedos, carros, e mais um monte de coisas pagam para anunciar na televisão. Quanto mais famoso o programa, mais caro custa fazer uma propaganda nos seus intervalos. E quem compra esses produtos somos nós mesmos… Por isso, de um jeito ou de outro, estamos pagando pelos programas de televisão a que assistimos.

Às vezes os comerciais de TV são tão bonitos que acabamos comprando coisas que nem queríamos. Você já pediu para sua mãe comprar aquela bolacha recheada que na TV parecia uma delícia, mas que na verdade nem era gostosa?

Muitas vezes as empresas colocam os personagens de um determinado desenho animado na embalagem da bolacha ou do brinquedo. Acredite: só por causa disso, o produto passa a custar o dobro! Aí tem criança que quer porque quer que a mãe compre a bolacha que vem com o gatinho… só porque apareceu na TV. O que você acha?

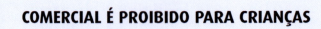

COMERCIAL É PROIBIDO PARA CRIANÇAS

Em cada horário do dia há alguém diferente em casa, não? Por isso a programação e os comerciais são diferentes em cada período. Na hora do desenho animado, que é a hora das crianças, só passa comercial de brinquedo, biscoito etc. Você já prestou atenção?

Em países como Suécia, Grécia, Bélgica, Irlanda e Noruega é proibida a exibição de comerciais para crianças durante a programação infantil, para ninguém ficar com vontade de comprar o que não precisa.

O IMPOSTO DA TV

Você sabia que em países como a Inglaterra a televisão aberta não é gratuita? Todo mundo tem de pagar um imposto anual. É com esse dinheiro que os canais públicos criam seus programas. Em compensação, eles não exibem comerciais de TV. Que tal?

PROPAGANDA DENTRO DOS PROGRAMAS

Se não bastassem tantos comerciais, as televisões ainda fazem publicidade dentro dos programas. Isso é chamado de merchandising, que significa promover a venda de um produto. Como isso é feito? Imagine uma cena de novela em que uma família está jantando. No meio da cena, o pai fala para a mãe:

– Nossa, Maria, que molho gostoso você fez para este macarrão! Deve ter dado um trabalhão.

Aí a mãe responde:

– Ai, Alberto. Não deu nenhum trabalho. Esse é o molho KIKA, que já vem pronto.

Aí a mãe mostra a embalagem do molho para a câmera. Entendeu? Parece que você está assistindo a uma cena qualquer de uma novela... só que, lá no meio, como quem não quer nada, eles mostram um produto e fazem sua propaganda. Os filmes e os programas infantis também estão cheios de merchandising. Preste atenção na próxima vez em que você assistir à televisão! Você vai ficar espantado com o tanto de propagandas que aparecem dentro dos programas!

MERCHANDISING SOCIAL

Imagine de novo a mesma cena da família jantando. O filho chega correndo da escola e vai direto para a mesa. A mãe não o deixa sentar, e fala:

– Zequinha, primeiro você tem de lavar as mãos! Você sabe que, quando a gente chega da rua, nossas mãos estão cheias de sujeira! Não pode comer enquanto não lavar as mãos, senão você pode ficar doente!

Nessa simples frase, a personagem da mãe dá para as pessoas em casa uma informação sobre como cuidar da saúde. Isso é o que se chama merchandising social. É um tipo de comercial, geralmente dentro das novelas, mas, em vez de vender um produto, dá uma informação que pode ajudar as pessoas a viver melhor! Você já viu algo assim na TV?

15

QUEM FAZ O QUE
EM UM PROGRAMA DE TV?

1 Atores
Representam uma história como se fosse de verdade.

2 Operador de áudio
Posiciona o microfone na cena para captar o que as pessoas falam.

16 Figurinista
Cria ou escolhe as roupas que os atores ou repórteres vão vestir. Quem o auxilia são as camareiras.

15 Maquiador/Cabeleireiro
Maquia e/ou penteia os atores e repórteres.

14 Cenógrafo
Cria os cenários. Desde a mesa do apresentador do jornal até as casas que aparecem nas novelas.

13 Roteirista
Escreve a história da novela ou a ordem em que vão aparecer os fatos em um documentário.

3
Contrarregra
Monta e desmonta o cenário e ajuda no que mais for preciso.

4
Apresentador
É quem apresenta um programa. Se for um telejornal, ele tem de ser formado em jornalismo.

5
Diretor
É o chefão que organiza tudo. Escolhe o que a câmera mostra, como o ator ou apresentador devem falar, se a cena é rápida ou lenta, que música vai ser tocada...

6
Iluminador
Cria e monta a luz do programa.

7
Cabo man
Sempre fica um atrás do operador de câmera para enrolar o cabo da câmera (para este não se enroscar e cair).

8
Operador de câmera
Grava tudo com a câmera (com ela no ombro ou em um tripé).

9
Produtor
Deixa tudo prontinho para o diretor gravar um programa: chama os atores, vê se o cenário está pronto...

10
Diretor de TV
Controla todos os equipamentos (as câmeras, os microfones etc.) e põe a imagem no ar.

11
Sonoplasta
É um editor especializado em colocar música e efeitos sonoros.

12
Editor
O editor organiza as imagens na ilha de edição, tira as cenas ruins, coloca efeitos especiais, legendas etc. É ele que monta a história que vamos ver. Quando ele é especialista em inserir efeitos especiais, computação gráfica, etc, ele é chamado de pós-produtor.

Num telejornal ainda tem o **repórter** (jornalista que realiza as entrevistas na rua) e o **editor-chefe** (o chefão do telejornal, que escolhe as notícias que vão ao ar e o modo como elas serão contadas).

O QUE VOCÊ QUER VER?

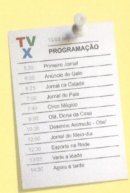

Cada canal organiza os programas de uma maneira. Isso se chama programação. Alguns canais montam programações para agradar a todos os espectadores. Eles organizam os programas de acordo com os horários em que a mãe, as crianças ou o pai estão em casa. Bem cedinho, há notícias para os adultos que vão trabalhar. Durante a manhã, desenhos animados para as crianças e adolescentes que vão para a escola à tarde. No começo da tarde, programas para as donas de casa. À noite, novelas e noticiários para toda a família. Tarde da noite, programas adultos e noticiários mais detalhados.

Na TV paga, como já falamos, há canais especializados em um único tipo de programa (só programas sobre saúde, esportes ou filmes), numa língua específica (canais em alemão, francês ou japonês) ou apenas para determinado público (como a PlayTV, que só cria programas para quem curte games e música). Na TV paga, ainda, há alguns serviços adicionais que permitem salvar num computador seus programas preferidos para você assistir na hora que for mais conveniente. Alguns canais de TV aberta também são especializados, como a MTV, que só exibe videoclipes e programas para jovens.

CONTROLE REMOTO

Todos os aparelhos de TV fabricados hoje em dia têm controle remoto sem fio. Mas, quando ele surgiu, em 1955, ainda vinha com um fio que o ligava à televisão. Antes disso, o jeito era levantar do sofá e mudar de canal virando ou apertando botões. Meu avô preferia cutucar os botões com a bengala!

EU ZAPEIO, TU ZAPEIAS, ELE ZAPEIA

Quando um programa está cansativo, o controle remoto entra em ação: mudamos de canal para procurar outro programa ou apenas para ficar passeando entre os canais. Isso se chama zapear, do inglês *zap*, fazer algo muito rápido. Nesse caso, mudar rapidamente de um canal para outro, usando o controle remoto.

Zapear, para quem está com o controle remoto, pode ser bem divertido. Mas, para quem está ao lado, pode ser cansativo.

INTERNET – PARA VER E FAZER

Vários programas de TV estão disponíveis nos sites das emissoras para você assistir online. Mas o grande lugar para se ver vídeos na internet é o Youtube. Hoje, a cada minuto, são postadas 60 horas de novos vídeos; ao mês, mais de 4 bilhões de vídeos são assistidos nesse portal. Você precisaria passar 456 mil anos para conseguir assitir tudo que está lá! Ops, aumente 1 hora a mais nessa conta cada segundo que se passar! A difisão de vídeos na internet é tão grande que muita gente aposta em tentar o sucesso ali e consegue: a banda americana OK GO fez sucesso com um vídeo baratíssimo em 2006; o cantor canadense Justin Bieber fez tanto sucesso com seus vídeos cantando covers que foi contratado em 2008. Até o nosso sucesso nacional Luan Santana pensava em largar a carreira quando um vídeo dele na internet o tornou conhecido em 2009. Se antes produzir um programa de TV ou fazer um filme era algo para poucos com muito dinheiro e equipamentos profissionais, hoje, com equipamentos baratos e até celulares, qualquer um pode fazer um vídeo para o Youtube. Você e seus amigos já postaram algum vídeo lá?

VOCÊ ESCOLHE O VENCEDOR

Telespectador é o nome que se dá à pessoa que está em casa vendo TV. Hoje, além de assistir, nós já podemos decidir várias coisas nos programas de TV por meio de telefonemas, cartas ou e-mails. Dá para escolher quem vai ser eliminado do *Big Brother*, qual filme passará no dia seguinte, qual será o final de um programa ou qual será o videoclipe vencedor.
Eu adoro palpitar! E você?

O sucesso de um programa também é medido pela sua reperussão nas mídias sociais (redes como Facebook, Orkut, Twitter, Youtube). Quanto mais as pessoas falam, compartilham e comentam, maior o sucesso do programa.

OS DIFERENTES
TIPOS DE PROGRAMA DE TV

A televisão é como um carro. Suas imagens são tão vivas que nos transportam para outros lugares, outras vidas, outros tempos. Por isso ela é chamada de veículo de comunicação.

Mas uma mesma viagem pode ser feita de várias maneiras. Uma história de aventura, por exemplo, pode ser contada de uma única vez ou em vários capítulos. E mais: os capítulos da história podem ser diários ou semanais. O tipo de programa é o mesmo (histórias), mas a forma de contar, a cara do programa, muda.

Dizemos que os mesmos tipos de programa fazem parte do mesmo *gênero* (por exemplo: novelas e seriados fazem parte do gênero ficção). As diferentes formas de fazer um mesmo tipo de programa são chamadas de *formato*. Por exemplo, uma ficção pode ser feita no formato de filme ou no formato de minissérie. Conheça alguns tipos:

VARIEDADES

Esses programas mostram um pouco de tudo: música, brincadeiras, entrevistas etc. Talvez o formato mais popular no Brasil seja o *programa de auditório*. Em geral, são programas ao vivo com uma plateia lotada que participa de tudo atentamente. Neles, o apresentador conversa com o auditório enquanto apresenta atrações variadas: jogos, vídeos, entrevistas, músicas etc.

As *revistas* são outro formato de programa de variedades. Nelas, um apresentador mostra reportagens sobre assuntos variados. A revista eletrônica mais antiga no Brasil é o *Fantástico*, que passa na TV, todos os domingos, desde 1973.

DOCUMENTÁRIOS

Documentários são programas que contam, em detalhes, histórias verdadeiras sobre uma pessoa ou um fato histórico, sempre com muitas imagens e entrevistas. Quando a entrevista não explica tudo, entra a voz de um locutor contando o que aconteceu, é o chamado narrador. Existe um tipo especial de documentário em que o diretor usa atores para fazer uma novelinha, mostrando como a história pode ter acontecido. Esse tipo de documentário se chama docudrama, porque mistura o documentário com as técnicas de histórias ficcionais, como as telenovelas. É um formato muito utilizado em programas policiais ou de detetives: os diretores unem entrevistas reais a encenações com atores, mostrando como o crime ou o assalto pode ter acontecido. Isso se chama reconstituição do crime. E para que serve? Sim, você adivinhou: dá muito mais emoção ao documentário!

DIÁLOGOS

São programas de debates, entrevistas e *talk shows* (entrevistas com plateia que assiste a tudo). Servem para que os participantes conversem a respeito de uma ideia ou situação. Vale tudo nesse tipo de programa: a discussão pode ser sobre política, futebol, cinema, pode até ser humorística.

PROGRAMAS QUE NÃO SÃO DE TV, MAS ESTÃO LÁ

Cultos religiosos e programas que vendem coisas não são exatamente programas de televisão, mas hoje existem muitos canais só para eles. Na época de eleição, há também os programas com propaganda dos políticos que vão concorrer no pleito. É o horário eleitoral, tempo reservado na televisão e na rádio para que os eleitores possam conhecer seus canditados e votar com mais consciência

PROGRAMAS EDUCATIVOS

São os programas criados especialmente para ensinar algo. Eles podem ter a mesma cara de uma aula, com um professor e uma lousa, ou podem ser programas divertidos, cheios de imagens, mas que ensinam Ciências, História ou Geografia.

TELENOVELAS
E OUTRAS FORMAS DE HISTÓRIA

Ficção são histórias inventadas. As histórias existem desde a Antiguidade, quando o homem as contava ao redor das fogueiras.

A cada nova forma de comunicação que os homens criam, surge também uma nova forma de contar uma história. No século XIX, os jornais começaram a publicar histórias contadas em capítulos, durante meses. Eram os folhetins. Ao final de cada um dos capítulos, o autor criava suspense para garantir que as pessoas voltassem a ler o jornal no dia seguinte. Mais tarde, os folhetins foram parar em revistas com fotos e eram chamados de fotonovelas. Com o surgimento do rádio, o folhetim foi adaptado: surgiu a radionovela. Finalmente, chegou à televisão e tornou-se um dos tipos de programa mais populares, em especial no Brasil: as novelas de TV.

AS TELENOVELAS

São programas diários em que, a cada capítulo, você conhece um pouco mais da história, que é contada ao longo de vários meses. Para manter o interesse do público, ao fim de cada capítulo surge sempre uma novidade que só será explicada no dia seguinte. Isso é o *gancho* da novela: para você ficar "fisgado" como um peixe no anzol, preso pela curiosidade, querendo saber o que acontecerá depois.

Diferentemente de um filme, que tem começo meio e fim já definidos, as histórias planejadas para uma telenovela podem mudar de acordo com a opinião dos telespectadores. Por exemplo: um personagem estava programado para sair da história, mas o público gostava tanto dele que o escritor teve de mantê-lo até o final. Ou então: a mocinha da novela ia casar com um determinado personagem, mas, por simpatia dos espectadores, o autor a faz casar com outro. Entendeu a força do telespectador?

REALIDADE OU NÃO?

As pessoas se envolvem tanto com as histórias das novelas que acabam se emocionando.

Os telespectadores assistem à novela à noite e passam o dia seguinte discutindo no trabalho ou na escola sobre com quem a mocinha deveria casar, como se a garota da história fosse sua melhor amiga. Tem gente que, sabendo que o personagem da novela vai morrer, desliga a TV para não ver a cena, para não ter de sofrer. E há aqueles que se envolvem tanto com essas histórias que, às vezes, acaba por confundir ficção e realidade. Atores que interpretam vilões em telenovelas já foram agredidos na rua. Pessoas tentam se consultar com atores que interpretam médicos; bandidos de mentira assustam pessoas no shopping (e a polícia chega a ser chamada para prendê-los).

Algumas pessoas se esquecem de que personagem não é gente de verdade.

E tem também o outro lado da moeda: tem atores que, por exemplo, interpretam personagens que sofrem tanto, mas tanto, que acabam ficando deprimidos ou doentes de verdade. Que profissão difícil essa, não?

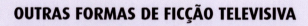

OUTRAS FORMAS DE FICÇÃO TELEVISIVA

Minisséries são como novelas, só que mais curtas. Podem durar de dois dias até mais de um mês. Como as histórias são contadas em poucos capítulos, as produções podem ser mais cuidadosas. No Brasil, é um formato muito utilizado para contar dramas históricos ou para adaptações de livros importantes das literaturas brasileira e portuguesa.

Os seriados são programas semanais em que cada capítulo conta uma história completa: tem começo, meio e fim. O que se repete são os personagens. É como se o mesmo grupo de pessoas vivesse uma aventura diferente a cada semana! Esse formato em geral tem poucos personagens, e as histórias se passam em alguns cenários fixos, que se repetem semanalmente.

Filmes, apesar de terem sido criados para as salas de cinema, também passam na TV. E existem filmes que são feitos especialmente para a TV.

> ### QUAL VERSÃO VOCÊ PREFERE?
>
> Você sabia que o livro *O Primo Basílio*, de Eça de Queiroz, que muitos de vocês estudaram (ou estudarão) na escola, foi escrito originalmente no formato de folhetim? Por que você não lê o livro e assiste à minissérie para comparar? O que muda da história escrita para a história adaptada para televisão?

NOTÍCIAS:
VERDADES E MENTIRAS

Os telejornais mostram notícias e imagens do país e do mundo, várias vezes por dia. Tem até jornal que dura apenas um minuto e passa de hora em hora!

Em alguns desses telejornais, os apresentadores parecem nem piscar: eles leem as notícias sem comentar nada. Programas são feitos desse jeito – de propósito – para parecer neutros, para parecer a verdade dos fatos, sem a opinião crítica de quem os apresenta. Ou seja, os jornalistas não podem fazer caretas ou dar risadas. Em outros telejornais, os apresentadores comentam as notícias, explicando o que está acontecendo com mais detalhes – também com a intenção de reforçar a sensação de verdade. Os apresentadores que fazem comentários são chamados de âncoras.

SERÁ QUE É VERDADE?

Você tem sempre de lembrar que não é porque algo foi relatado num telejornal que é verdade mesmo. Como assim? Ora, pense que você brigou com seu irmão e os dois vão contar a história para sua mãe. Cada um vai contar a história do seu ponto de vista, certo? Quem começou a brigar, quem empurrou, o motivo da discussão... Quem estará dizendo a verdade?

O mesmo acontece nos telejornais. Por exemplo: uma emissora de televisão organiza um grande show na praia. O jornal dessa emissora mostra notícias dizendo que o show foi um sucesso. O jornal do canal concorrente mostra notícias dizendo que só houve confusão porque não havia transporte suficiente após o show para as pessoas voltarem para casa e elas tiveram de dormir na praia. No fundo, os dois jornais estão mostrando a verdade, mas não *toda* a verdade. Por isso, muitas vezes, o mais bacana é você assistir às mesmas notícias em dois ou três jornais diferentes. Assim, você pode entender melhor o que aconteceu e formar sua própria opinião.

11 DE SETEMBRO

Em 11 de setembro de 2001 um ataque terrorista aos Estados Unidos foi transmitido ao vivo. Vários aviões foram sequestrados e forçados a se chocar contra edifícios importantes. As imagens eram tão incrivelmente fortes que as pessoas, quando ligavam a televisão, tinham a impressão de que estavam vendo um filme, cheio de efeitos especiais, e não um fato real, ao vivo.

Veja estas duas imagens e compare.

Abaixo, à direita, uma cena real do atentado ao World Trade Center, em 2001, em Nova York. À esquerda, uma cena do filme de ficção *Independence Day*, de 1996.

É provável que os terroristas tenham organizado o atentado dessa forma por saberem bem como um noticiário de televisão funciona.

Equipes de reportagem só se deslocam para cobrir matérias ao vivo quando elas são importantes. Seguindo esse raciocínio, os terroristas teriam feito o primeiro avião bater em um dos prédios mais famosos de Nova York (as torres gêmeas do World Trade Center). Poucos minutos depois, várias equipes de televisão estavam mostrando, ao vivo, o prédio em chamas. Com todas as emissoras cobrindo o acidente (e milhões de pessoas assistindo pela TV e pela internet), um segundo avião (veja a imagem acima) se aproxima dos prédios e também colide. Ou seja, os terroristas conseguiram a atenção que queriam: publicidade para seus atos. Durante todo o dia 11 de setembro, televisões do mundo todo passaram essas imagens. Infelizmente, não era um filme. Era uma tragédia acontecendo ao vivo.

TEM TAMBÉM
MUITA DIVERSÃO NA TV!

Um gênero importante da televisão são os programas de humor.

O formato mais comum de programas humorísticos é composto por esquetes. Os esquetes são pequenas cenas cômicas, com piadas curtas com começo, meio e fim.

Outro formato são as comédias de situação, também conhecidas como *sitcoms*. Os sitcoms surgiram na época de ouro do rádio, no Reino Unido. São séries de televisão com histórias engraçadas e personagens comuns e em geral gravados com plateia.

As pegadinhas mostram situações em que uma pessoa não sabe que está sendo gravada. Atores pregam peças nas pessoas, sem que elas saibam: dão susto, fingem que vão prendê-las, coisas assim.

Há também vídeos caseiros, que mostram cenas consideradas engraçadas, tiradas da vida real, como uma criança caindo da escada, uma panela que pega fogo etc. As famílias vendem esses vídeos para as emissoras de televisão, que unem vários deles e passam na programação como se fossem piadas. Esses vídeos e as pegadinhas podem até ser engraçados, mas muitas vezes são maldosos e fazem as pessoas passar vergonha ou até se machucar. E isso não é nada divertido.

A equipe tem de pedir autorização da pessoa para usar essas imagens. Se você cair numa pegadinha, saiba que pode não autorizar a transmissão da cena!

PROGRAMAS INFANTOJUVENIS

São os programas de televisão feitos especialmente para atrair e agradar crianças e adolescentes. Há novelas sobre a vida de crianças, programas de variedades com apresentadora dançando e cantando. Há alguns só com desenhos ou aventura, e programas sobre animais e ciências. Tudo criado de um jeito bem divertido e especial para que você possa curtir bastante!

ESPORTES

Esse gênero é fácil: são programas que transmitem eventos esportivos, entrevistam atletas ou debatem sobre esportes, como os programas de mesa-redonda em que jogadores, convidados e jornalistas discutem os jogos, em especial os de futebol.

Grandes competições mundiais, como as Olimpíadas e a Copa do Mundo de Futebol, fazem as pessoas grudar na televisão. Bilhões de pessoas, no mundo todo, acompanham esses eventos ao vivo pela TV.

QUIZ SHOW

Não é apenas nos esportes que existem competições. É comum você encontrar programas de TV nos quais os participantes competem para dar respostas certas a perguntas difíceis. Isso é chamado de *Quiz Show*. Se em vez de perguntas e respostas, tiver provas, como corridas, subida em árvores, enfrentamento de animais etc., os programas recebem o nome de *Game Shows*.

DESENHOS ANIMADOS

Nem precisa explicar, não é? Desenho é uma das melhores coisas da televisão. Os desenhos animados nasceram a partir do cinema, mas logo se tornaram muito populares na TV. São tão divertidos que até os adultos gostam deles e, por isso, há vários desenhos feitos só para eles!

MUSICAIS, ESPETÁCULOS E VIDEOCLIPES

As transmissões de shows e espetáculos pela televisão são muito populares. Mas foi com a MTV que a música ganhou um canal exclusivo na televisão, com espaço especial para os videoclipes, cultura pop e programas especiais feitos para jovens.

REALITY SHOWS

Nos *Reality Shows*, pessoas de verdade passam uma temporada na frente das câmeras, para que os telespectadores acompanhem seu dia a dia.

Em programas como o *Big Brother*, os participantes ficam trancados numa casa durante meses, e nós acompanhamos tudo o que acontece com eles, até quando tomam banho. São programas bem polêmicos. Uns adoram, outros acham um absurdo as pessoas revelarem sua vida desse modo, em especial porque, na maioria dos casos, só fazem isso para ganhar algum prêmio: dinheiro, fama ou até um emprego.

Você participaria de um programa como esse?

27

NOVAS TECNOLOGIAS

Imagine que na sala de aula a professora escreva a seguinte frase na lousa: "Você é demais!"

Essa frase tem catorze caracteres. Se você escrever essa frase no seu caderno usando exatamente as mesmas letras e espaços, você terá copiado a frase de modo análogo. Ou seja, cada letra que você escrever representará exatamente a mesma letra escrita pela professora na lousa. Mas, se você quiser copiar a frase mais rapidamente, ou se quiser economizar espaço no caderno copiando a frase de modo mais curto, pode copiá-la usando menos letras e espaços, mas que representem aquilo que estava originalmente escrito. Por exemplo: "Vc é d+!". Nesse formato a frase cai para oito caracteres, quase a metade dos caracteres originais.

No sinal de TV analógico, é transmitido o começo, depois o meio e o final, sem interrupção ou abreviação.

Já o sinal de TV digital economiza espaço transmitindo as informações de som e imagem comprimidas, ou seja, num espaço menor. Isso permite que o mesmo espaço gasto antes para transmitir o sinal de um canal de TV agora possa transmitir quatro canais. Mas a coisa mais bacana é que, com o sinal digital, em vez de o canal de TV só enviar um sinal do programa, a emissora também pode receber informações criadas pelos telespectadores.

Isso tudo é ainda novo, mas com esse sistema digital o telespectador pode participar de verdade, interagindo com o programa de televisão. Enquanto assiste a um programa, por exemplo, você poderá navegar na imagem do programa (como na internet) para ver detalhes do cenário, das roupas, das notícias etc. Com a TV digital você pode também gravar direto num computador seus programas preferidos e assistir a eles sem ter de ver os comerciais. Bacana, hein?

TV DIGITAL NO BRASIL

A primeira transmissão oficial de sinal digital no Brasil ocorreu em 2 de dezembro de 2007, em São Paulo, em solenidade com a presença do então presidente da República Luiz Inácio Lula da Silva. O padrão japonês foi o escolhido, e o sistema digital está presente em diversas cidades do Brasil.

HDTV

Umas das tecnologias envolvidas na televisão digital é a HDTV (*high definition television*), que significa televisão de alta definição. Ela é chamada de TV de alta definição porque são mais de 1.080 linhas de definição de imagem. O formato da tela é retangular, como a tela de cinema.

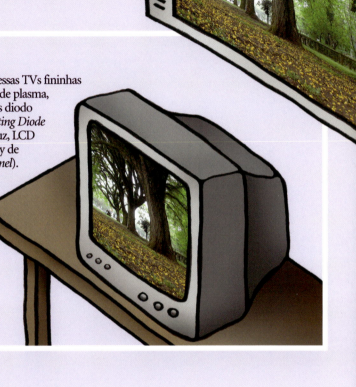

O FUTURO DAS TELEVISÕES

Existem várias tecnologias para a construção dessas TVs fininhas e com alta qualidade de imagem. Existem telas de plasma, de LED (*Light Emitting Diode* ou em português diodo emissor de luz), de OLED (*Organic Ligth-Emitting Diode* ou em português Diodo orgânico emissor de luz, LCD (*Liquid Crystal Display* ou em português display de cristal liquido) e de Plasma (*Plasma Display Panel*). A competição entre os fabricantes de TV é acirrada e cada um tenta lançar um aparelho mais fino, com mais pontos de definição de imagem ou mais inovador. Já exitem TVs de apenas 4 milímetros de profundidade e apenas 10 gramas de peso; outras, 4 vezes mais definição do que uma TV *full hd*, várias já projetam imagem em 3D; há outras com tela sensíveis ao movimento ou telas sensíveis ao toque. O que será que estar por vir? TVs que transmitam cheiro das coisas?

TV NO CELULAR

A TV invadiu os celulares. Há empresas que já criam programas de televisão especialmente para aparelhos de celular. Esses programas têm sido chamados de mobisódio, ou seja, um episódio móvel. Já tem gente reclamando desse tipo de tecnologia: será que, se todo mundo tiver uma TV de bolso, as pessoas não vão se distrair no trânsito, na escola, no trabalho?

VOCÊ E A TV

A TV é um veículo de comunicação que cria programas para emocionar. Todo programa tem uma intenção. Numa ficção, a música, o cenário, as palavras ditas pelos atores, a movimentação das câmeras, a cor da cena, tudo está ali para produzir um programa que toque o espectador. Seja para deixá-lo feliz ou triste, com raiva ou para fazê-lo dar risadas etc. Ela mexe tanto com a gente, que muitas pessoas dizem que a TV nos controla e nos faz acreditar em qualquer coisa. Mas não é bem assim, não é? Ninguém acredita em tudo que se conta por aí, nem mesmo se for na TV. Quando surgem dúvidas sobre uma notícia ou cena que vemos na TV, temos nossos pais, amigos e professores para conversar e tentar entender melhor a situação. E agora que você sabe como a TV funciona, os truques dos programas e que nem tudo a que você assiste é verdade, fica mais fácil buscar outras informações e formar a sua própria opinião. Não é mesmo?

NÃO CONFUNDA

Quanto mais violento ou chocante for o programa, mais tarde ele deve ir ao ar e mais adultas as pessoas devem ser para assisti-lo. Essa organização dos programas de TV por idade e horários adequados chama-se "classificação indicativa". Ela existe para ajudar os pais a escolher o que vão permitir que seus filhos assistam.

Não confunda isso com censura. Censura é proibir as pessoas de verem algo. Classificação indicativa é proteger crianças e adolescentes de cenas excessivas. Por exemplo: para uma criança de cinco anos sentir um pouquinho de medo é até divertido... Mas, se a cena causar muito, muito medo, a criança pode ficar apavorada e nem conseguir dormir. E isso não seria legal. É por esse motivo que cada tipo de programa tem a sua hora e o seu lugar.

4 + 8 + 4
+ 2 + 1 +
2 + 1 + 2
= 24 h

TV É A PREFERIDA

No mundo todo, a televisão é o veículo de comunicação preferido por crianças e adolescentes. No Brasil, a média para crianças e adolescentes é de cinco horas por dia na frente da TV! Você acha isso muito ou pouco?

Eu acho muito. Faça as contas comigo: cinco horas na frente da TV, mais oito horas dormindo, mais quatro na escola (no mínimo), mais duas horas por dia entre café, almoço e jantar, mais uma entre tomar banho, escovar os dentes e usar o banheiro, mais pelo menos duas horas para fazer a lição de casa, mais o tempo de transporte. Ufa! Só sobraram duas horas para você brincar, praticar esporte, falar com seus pais, irmãos e amigos, ou simplesmente não fazer nada. E a conta ainda é pior: na média, um jovem brasileiro entre 4 e os 14 anos gasta mais 2 anos inteirinhos apenas vendo televisão. Que desperdício!

SACO DE BATATAS

Você sabia que crianças e adolescentes que passam muito tempo na frente da TV sem atividade física, comendo tranqueiras, como salgadinhos, doces e frituras, estão ficando obesas? O problema não é ser magro ou gordo, mas ficar doente por conta de tanto peso e de tanta comida gordurosa e cheia de açúcar. Em inglês, existe uma expressão, *couch potato*, que significa batata de sofá. Ou seja, de tanto não fazer nada e só ver TV, a pessoa vira um saco de batatas pesadão, que fica sentado no sofá.

Isso é tão grave que algumas emissoras começaram a fazer campanhas para estimular as pessoas a saírem da frente da TV. A MTV, por exemplo, coloca na programação um comercial com um som horrível enquanto na tela aparece escrito "Desligue a TV e vá ler um livro". Outros canais para crianças também já fizeram campanhas com propagandas convidando os telespectadores a desligar a TV e sair para brincar. Eu dou a mesma sugestão a você! Por que você não assiste só aos programas realmente legais e depois desliga a TV e vai brincar, ler um pouco ou conversar com um amigo?

GLOSSÁRIO

Ao vivo – Transmissão de um programa ou evento no exato momento em que ele está acontecendo.

Background (BG) – É aquela música que toca baixinho ao fundo da cena do programa, filme ou telenovela. Serve para criar diferentes climas, conforme o interesse do diretor.

Câmera subjetiva – É um tipo de enquadramento que pode ter qualquer formato (veja formatos em enquadramento). A diferença é que a subjetiva mostra o "olhar" do personagem. Ou seja, nesse tipo de enquadramento a câmera focaliza o que o personagem da história estaria olhando, como se víssemos a cena pelos olhos dele. Assim, temos a impressão de sentir o que ele sente.

Créditos – É uma lista com os nomes de toda a equipe que fez o programa. Aparece, em geral, no final da exibição, correndo na tela de baixo para cima.

Enquadramento (ou planos) – Enquadramento ou plano é o que a câmera enxerga da cena e nos mostra. A câmera pode nos mostrar desde um pequeno detalhe (como a pedra de um anel) ou uma imagem ampla (como uma rua inteira cheia de gente). Cada plano recebe um nome diferente:

Plano geral: dá para reconhecer o lugar onde a cena foi gravada.

Plano americano: mostra uma pessoa até o meio das coxas. Foi criado nos filmes de bangue-bangue – para mostrar o revólver pendurado na cintura dos caubóis.

Plano médio: mostra a pessoa da altura do peito para cima. É muito utilizado em telejornais.

Close-up: é o plano perto de um rosto – usado para mostrar as emoções de um personagem – ou próximo o suficiente para mostrar detalhes de um objeto.

Gerador de caracteres – Equipamento que insere texto sobre as imagens da TV. Você vê isso todo dia: em telejornais, para mostrar o nome de entrevistados; em novelas, para indicar quais atores estão no elenco etc.

Ilha de edição – Equipamentos utilizados pelo editor para dispor as cenas gravadas na ordem certa e incluir música, efeitos, computação gráfica etc. no vídeo que ele está editando.

Narrador em off – Tipo de situação em que uma voz lê um texto ou narra as imagens que aparecem na tela, mas em que o narrador não aparece fisicamente, apenas ouve-se o som da voz. Muito usado em documentários e reportagens e também na narração de eventos esportivos.

Pirata – Dizemos que uma emissora de televisão ou rádio é "pirata" quando ela não tem autorização do governo para funcionar. Também chamamos de "piratas" as cópias de programas de TV e filmes – em CD, vídeo ou DVD – vendidas na rua sem autorização da empresa que os criou. Fazer isso é proibido por lei.

Replay – Repetição de uma cena anteriormente apresentada. É muito usado em programas esportivos, como nos jogos de futebol, quando são mostrados os gols.

Ruído – Interferências registradas na gravação, transmissão ou reprodução de um vídeo.

Slow motion (câmera lenta) – Recurso usado para reproduzir a imagem de uma cena muito lentamente. Ajuda o espectador a perceber detalhes que não poderiam ser vistos se a cena fosse exibida em tempo real.

Telecine – Equipamento utilizado para transformar um filme de cinema (película) em um filme em vídeo ou DVD. Faz a passagem de um suporte para o outro, com possibilidade de ajustes de cor, saturação, luz etc.

Teleprompter – Se você acha que o apresentador do telejornal decorou todas aquelas notícias que consegue falar para a câmera sem piscar, está bem enganado. Em cima da câmera que grava o telejornal fica um equipamento chamado *teleprompter*. Parece uma tela de computador onde tudo o que o apresentador tem de falar durante o programa aparece em letras graúdas.

Vinheta – Sequência de imagens que avisam o público que um programa começou, que está na hora dos intervalos comerciais ou que o programa terminou.